사진촬영_ 이혜인

이종우

신세기 타이밍

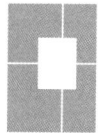

애지시선 113

신세기 타이밍

2023년 4월 16일 초판 1쇄 발행

지은이 이송우
펴낸이 윤영진
기획편집 함순례
홍보 한천규
펴낸곳 도서출판 애지
등록 제 2005-000005호
주소 34570 대전광역시 동구 대전천북로 12
전화 042 637 9942
팩스 042 635 9941
전자우편 ejiweb@daum.net
ⓒ이송우 2023
ISBN 979-11-91719-14-7 03810
* 저자와의 협의에 의해 인지를 생략합니다.
* 이 책 내용의 전부 또는 일부를 재사용하려면 저자와 애지 양측의 동의를 받아야 합니다.

예지시선 113

신세기 타이밍

이송우 시집

시인의 말

열정이라는 유토피아를 쫓다 보니 오늘이다

단거리 선수에게 단거리의 치열함을 감사하고
장거리 주자에게 장거리의 성실함을 격려하고 싶다

곁을 내어주지 않는 내일이라는 신기루보다
시뻘겋게 얼어붙은 오늘을 사랑하자고
새하얗게 타오르는 당신을 품에 안자고

공망(空亡)조차 합하는 계묘년
안산(鞍山) 언덕에서 이송우

■ 차례

시인의 말　005

제1부 신세기 타이밍

청년 아력산뎐　012
新 견원지간　013
그 연극은 대학로였으니　014
힘센 마법　016
망울을 여는 복수초처럼　018
정전, 라고스　020
내 인생 분석의 결과　022
신세기 타이밍　024
선인장　026
인간 상관계수 0.3　028
T2O　030
숫자의 강물　032
계절을 검증하지 않듯　034
가면 놀이　036

제2부 보스턴 강에 나갔어야 했다고

상품기획, 불발 040
눈과 눈을 맞추고 041
생살을 벗겨내고 가죽을 새로 042
다르니까 함께 044
상호안전 보장원칙 045
영업 백서 발간 046
헬조선의 숙제 047
아스팔트 위의 물고기 048
아를로녹 호텔의 까레이스키 050
보스턴 강에 나갔어야 했다고 052
호모 루덴스 054
나의 왼쪽 056
마케팅 출사표 058

제3부 취업기

취업기 1 — 신세계 060
취업기 2 — 학생 부부 062
취업기 3 — 비씨카드사 면접 064
취업기 4 — 취업 야사 066
취업기 5 — 그레이 칼라 068
취업기 6 — 우리의 셈법 070
취업기 7 — 노란 동백 072
취업기 8 — 레미 마르탱 074
취업기 9 — 눈물의 똠양꿍 076
취업기 10 — 서른 즈음 077
취업기 11 — 숙취의 방정식 078
취업기 12 — 발렌시아의 밤 080
취업기 13 — 내일 일기 082

제4부 사십 대에 현악기는 안 된다고요?

아이가 아이를　084
불임　086
모세의 기적　087
역량개선 프로그램　088
임원항 대박횟집　090
강제휴업명령　092
당신의 비전　094
아웃 오브 아메리카　096
사십 대에 현악기는 안 된다고요?　098
타임머신을 타라　100
상품기획 홈커밍　102
우두커니 섰다　104
미술 치료　106
진부령 종산제　107

해설　노동자 극한 생존기 | 고봉준　109

〈일러두기〉

*본문에서)는 '단락 공백 표시'로 한 연이 새로 시작된다는 표시이다.

제1부
신세기 타이밍

청년 아력산던

하루 네 시간 수면 주당 백이십 시간 일하자는 칼잡이가 날개 돋아 신선이 되오매 신이 난 메두사들이 나뭇잎으로 우주선을 띄우라 연금술을 외치니 메타버스와 NFT가 증강현실하는 21세기 대혼민귁 거리 함성에 끌려 돌이 되고자 하는 이들이 서둘러 신세기 타이밍 에스프레소 트리플샷을 받아든다 청동 방패에 비춰 독사의 모가지를 자르겠다는 목소리는 잡아먹히고 알렉스를 아력산*으로 부르기 위해서는 톰이나 잭에 어울리는 구수한 외모 댄디한 세련미가 없어야 한다 칭기즈칸이나 람보 코만도만큼 살육과 정복을 선동하오매 세계통일이라는 어릴 적 꿈을 따른 세례명 알렉산더에 칼과 피가 튄다 콜록콜록 먼지 날리는 서가에 낡은 책 하나 다시 꺼낼 수 없는 다시 꺼내선 안 될 하얀 밤 까만 노동의 이야기 알렉스는 신기루 역도산인지도 모를 흑마법사 청년 아력산던 개봉

* Alex를 한자로 표기하면 亞力山으로 쓴다.

新 견원지간

 컨퍼런스가 끝나고 이슬람 기도 성지를 찾는데 배 나온 원숭이 한 마리 어슬렁 어슬렁 제 소굴 밖으로 어깨 건들거리며 다가오니 훠이 저리 가라는 외침에 대장 원숭이가 분홍색 잇몸 뾰족하게 자리 잡은 하얀 이빨을 캭 내보이는 것이다 짐승들 영역 싸움엔 수컷이 나서는 법 신촌 로타리 대첩에 빛나는 꽃병 던지고 파이프 잡았던 팔을 벌벌 뻗어 얼어붙은 동료들을 뒤로 물리곤 기껏 원숭이에게 물리면 광견병보다 무섭다는 말을 핑계로 넥타이에 양복 입은 놈이 내빼는데 가진 것 많으면 겁도 많아진다고 원숭이 대장 웃음소리 뒤통수에 뜨겁다

그 연극은 대학로였으니

 역사 전공자라고 E.H.카의 책을 읽었다고 착각하지 말기로 해 대학 때 연극을 했다고 학생 운동을 했다고 단정하지 않기로 해

 단일화가 무산된 대선 전날 아무 대가도 없이 밤새워 흑색 선전물을 수거했다는 노사모를 그만 놓아주기로 해

 상경한 전라도 학생들이 교통질서와 공중도덕을 누구보다 더 잘 지키려 했던 시절 숱한 손가락질 속에서 스스로 바보가 되려고 했던 사람들을 까맣게 잊기로 해

 아무도 없는 밤, 거리에서 미친놈처럼 민중가요를 부르고 죄인처럼 출퇴근하던 날을 지우기로 해

 가슴에 새긴 주홍글씨를 숨기려 한없이 어깨를 쭈그리던 소년 속마음을 숨겨야 했던 있어도 없어야 했던 하얀 낮달을 그리워하지 않기로 해

〉

껍데기 속에서 발버둥치는 껍데기를 미워하지 않기로 해 그 연극은 대학로였으니 그 연극만을 사랑하기로 해

힘센 마법

꼼꼼함은 배우기 쉽지 않은데
알렉스는 숫자에 꼼꼼하니
분석 업무와 잘 맞는 품성을 가졌네

맞는 품성이라는 말은
역도산만큼 힘이 세어서
토요일 일요일
스물네 시간 근무에도
시간은 턱없이 부족했으니

최고 사원상
오토모티브 섹션장
해외 교육 출장
차례로 받고 나서 알게 된 진실

생각지도 못할 미쟝센에
진심을 꾹꾹 눌러 담은 상

받아먹은 사람이
나 혼자가 아니었다는 것

두 눈 맞추고
조용히 건네는 칭찬 한마디에
종놈이 주인 되는 기적
제게 펼쳐지기를
다들 기다렸다는 것인데

어쩐 일인지
십 년이 지나도
힘센 마법은 풀리지 않네

망울을 여는 복수초처럼

알렉스는 개새끼,
화장실에 앉아
밖에서 떠드는 후배들의
담배 연기를 엿듣고
회사 야유회 숙소
계단을 막아둔 의자들 앞에서
막막하던 때였다

내 마음의 빙산 일각 아래로
채우지 못한 욕구 아래로
무의식 속 림보에 떨어진
비판의 칼날을 녹여내어

내가 괜찮은지
당신 마음은 다치지 않았는지
안전하다고 느껴야만
망울을 여는 복수초처럼

〉
초봄 오후의 볕을 함께 쐬며
마냥 뒹굴고 싶었다

정전, 라고스

담뱃불 붙이러 나갔다가
숙소로 다시 돌아오지 못하는 줄 알았어요

이동할 때 경찰을 대동하고
정전에 놀라지 말라는 말
귓등으로 흘려들었어요

자가 발전기가 힘겹게 헐떡이는
검은 도시
모르는 곳 모르는 사람들이
내 주위로 몰려왔어요

빛이 없는 라고스 시장통에서
이방인이 신기하다는 듯
사람들이 마구 내 몸과 얼굴을 만졌어요

갑자기 꺼져버리는 전등

어둠 속에서
당신을 보고 싶었어요

발전기 돌리는 소리에
깜박깜박 불이 들어오고
우리는 다시 불 꺼지는 때를 기다려야 해요

항상 미워하는 줄만 알았던 알렉스가
간절히 보고 싶었어요

내 인생 분석의 결과

젖을 뗀 아이가 분유를 잘 먹어
돌잔치 때 얼굴 크기가
몸 절반만큼 부풀어 올랐다

회사 행사 중
대형 스크린에서
네모 반듯한 돌덩이 얼굴
돌쟁이 사진을 본 순간
놀란 직원들의 짧은 적막, 이어
우레 같은 박수 소리

마치지 못한 보고서를 끝내러
회사로 돌아가던 저녁 빙글빙글
최적값이 나올 때까지 반복하는
컨조인트* 효용 조합 속에서
딸내미가 환히 웃었는데
〉

텅 빈 간선도로를 달려, 통계 분석처럼
무수히 오간 푸른 새벽들
오늘에야 나는 최적 효용치를 찾았네

말쑥한 처녀로 자란 딸내미,
첫 중간고사 시험을 준비한다는
내 인생 분석의 결과

* 컨조인트 분석(Conjoint Analysis)은 시장 조사를 위해 사용하는 분석 기법으로, 소비자가 제품이나 서비스의 어떤 요소에 가치를 부여하는지 분석한다.

신세기 타이밍

책상에서 사십일을 기도한 연구자들이
에스프레소 트리플샷 신세기 타이밍을 켠 채

자정이 지나면 유령처럼
한 명씩 사라지고 남았던
책상 위에 엎드린 남자 연구원
책상 바닥에 숨어든 여자 대리

첫닭 소리 가까운 새벽
사무실 곳곳은 임시 수면실이어서
속옷만 입고 어슬렁거리다가
속옷만 입은 연구원을
복도에서 마주치고 혼비백산한
시장 세분화 분석의
밤과 낮은 쉽게 끝나지 않아서

꿈과 젊음을 먹고

전설이 되고팠던 우리는
다시 임시 수면실을 향해
낮과 밤을 걸어야 했다

선인장

당신과 헤어지고
돌아오는 어둠이 두려워
지샜던 달빛

새들이 울기 시작하는 새벽이면
내 얼굴의 무게를 감당할 수 없어
또 하루를 샜던 것이라

박박 찢어 버리고 싶은
불면의 밤과 싸우는 건
술 담배 게임 일 커피
중독자의 습성이라지만
매일 지켜볼 수는 없네

검정에서 파랑으로
파랑에서 검정으로
하늘이 변해가는 기적을

〉
하루 스물네 시간
눈을 뜨고 있어도
나는 반짝 살아있는 것이라

멀쩡히 길을 걷다가
정신을 잃고 쓰러진 내 안에
당신은 여전히 살아있어

우리는 영영 헤어지지 않네

인간 상관계수 0.3

온도와 아이스크림 판매량 사이에서
온도가 100 증감할 때
아이스크림 판매량이 30 증감한다면
상관계수 0.3*, 두 변수는 상관있다는 것이다

나와 당신은 서로 달라서
그 속을 알아보기 쉽지 않다
내 맘을 몰라준다고 가슴을 치는 애인에게
당신이 나였으면 좋겠다고
애원한들 무엇하랴

당신과 내가 삼십 프로 정도만
상관있으면 어떻겠는가
당신과 내가 어른이라면
칠십 프로는 각자 독립된 생활을 해야 한다

인간 상관계수 기준을 0.3으로 하자

기대도 걱정도 도움도
딱 거기까지만
당신이 100 증감할 때 나는 30 증감하고
우리를 영혼의 짝이라고 부르자

인간 상관계수 목표를 0.3으로 맞추면
성격 차로 헤어지는 연인들도 사라질 것이다
세상의 모든 사랑은 성숙해지고

* 마케팅/기획 영역에선 상관계수 0.3이면 두 변수 간 관련이 있다고 간주한다.

T2O*

북극해에선 웅장했던 빙산이 녹았어
단거리 전력 질주로 마라톤을 할 수 있다고
누구보다도 빠르게
눈물 흘리는 후배를 버려두고
가만두지 않겠다는 선배를 남겨둔 채

Tradition to On-line!
무지개처럼 아름다운 독배를 마시고
몇 발자국 걸을 수 있을지 내기를 해야 해서
역도산이라면 빙산까지 걸어갈 것이라고
사각사각, 귀문살鬼門煞 맞은
내 안의 또 다른 알렉스가 속삭였지

북극해에선 웅장했던 빙산이 녹았어

아무리 강해도
사라진 빙산에 닿을 순 없지

아무도 없는
북극해에선 길을 잃어야 하지

홀로 간 북극행
끝이 정해져 있던
T2O 프로젝트

* Tradition to On-line 프로젝트. 전통적 마케팅에서 온라인 마케팅으로 전환하려는 전략.

숫자의 강물
— 통계학자 이호성

그는 흐르는 숫자에 발을 담갔습니다

처음 만났던 진실의 순간
보고 싶은 사람
보여주고 싶은 자신까지
순한 양의 고백을 들었습니다

내가 숫자 속으로 들어가자
강물은 점점 깊어지고, 깔딱깔딱
성난 양은 나를 급류로 끌고 들어갔습니다

숫자가 이야기를 하고
이야기는 숫자가 되는 기적은
선택된 사람에게만 허락되었습니다

흐르는 강물에 몸을 맡겼습니다
당신의 어린 양이 되고 싶었습니다

〉
강물의 길목에 서서
여울에 부닥치고
수심에 허우적거리면서도
고삐 풀린 망아지는 철들고 싶었습니다

흐르는 숫자에 발을 담갔습니다

어느 날 당신은 나의 울음과 고백에
귀 기울이고 있었습니다

계절을 검증하지 않듯
— 아시아N 창간 11주년을 축하하며

질문을 통해
신뢰도를 밝히고자 하는 건
측정 도구를 만들기 위함이다

당신이 일관성 없는 대답을 한다면
그건 믿을 수 없다는 얘기

그때 그때
하루 하루
살아내기 급급할 때
크론바흐 알파값*을 뽑아본다

그리워서 그리웠다

계절을 검증하지 않듯
통계 측정 도구를 쓰지 않는 나
신뢰도 계수가 필요 없는 당신

* 크론바흐 알파 계수(Cronbach Alpha Coefficient)는 문항의 일관성을 나타내는 계수로, 문항의 신뢰성을 평가하는 척도이다.

가면 놀이
— 홍규와 찬웅에게

하루 이틀 사흘
일주일 이주일
재 너머 긴 사래밭까지
오랜 삽질을 끝내고 나면
가면 놀이를 시작하네

시행착오를 반복하고선
쉽게 분석을 마친 척
피부에 얇은 가면을 쓰고선
불안해진다네, 아인슈타인이
가면을 쓴 사기꾼인지 아닌지
자신을 의심했고
성공보다 훨씬 많았던 실패한 함수들을
그 역시 두려워했다고 해서
위로받을 순 없네

한번 가면을 쓰면

끝없이 덧씌워야 해서
겸손 가면 천재 가면을 번갈아 쓰고선
썩어 시커먼 마음을 들킬 것 같아, 보름달이 떠오르면
몸부림치는 늑대 인간처럼
나는 구슬피 울부짖어야 했네

느리고 힘들게
맨땅에 헤딩하며
우리 은하가 생겼듯
묵묵히 혼을 사르는 자만이 구별될 따름이라고
노력과 땀방울을 숨기지 않던 벗들아

실패도 성공도 두려워하지 않고
끝까지 모두가 해답을 찾아
진면 무도회를 즐겼던 사람들아

그때 힘들었어

오래 걸렸어

많이 틀렸어

확 들켜버렸던 고백들아

제2부
보스턴 강에 나갔어야 했다고

상품기획, 불발

 지금 손님 오셨으니 조금 있다 다시 와 개새끼 돈 쓰라고 그 자리에 앉혔냐 도대체 이걸로 몇 대를 팔 거냐고 니 돈이면 그렇게 쓸래 수요 예측 다시 해서 가져와 씨발놈아 이건 운동장에서 그냥 돈 태우는 거야

 조금만 현실적으로 조금만 대중적으로 기획해야 할까 아니 깊은 봄 깊은 꿈을 꾸어야 해 정말 우리 세상에 없는 상품을 만드는 거야 붉게 물든 개발자 얼굴 소주잔 위에서 이슬처럼 어른거렸어 꼼장어 처음 먹는 날 벚꽃이 날리고

눈과 눈을 맞추고

 우리 눈과 눈을 맞추고 일할 수 있기를 무릎 꿇고 앉아 온 우주가 담긴 눈동자를 서로 바라볼 수 있기를 때로는 가슴에 큰 바위 내려앉아도 맞잡은 두 손 놓치지 않기를 로또 맞기보다 어렵다는 직장 선후배가 되어 티끌 하나로 무결점 인간을 만들지 말고 실수 하나로 낙심하지 않고 자정 넘어 나누던 막담*을 추억으로 남기지 않기를 잠깐 빛나는 섬광탄보다 쏟아지는 은하수 아래 밑동 굵어가는 나무로 크는 모습 서로 웃으며, 오래오래 지켜볼 수 있기를

* 퇴근하기 전에 마지막으로 피우는 담배.

생살을 벗겨내고 가죽을 새로
— 배치완 형에게

혁신이란 이름은 잔인하다
일본 관동군이 포로를 고문하듯
생살을 벗겨내고
가죽을 새로 대라니
우리가 731부대원이란 것인지

험한 컨설팅을 받고 나면
다들 파김치가 되어버렸는데
컨설턴트의 혁신안도
따르지 않으면 걸레 조각일 뿐

치완 형은 내 웃음을 좋아했다
배냇짓 아가와 하는 까꿍 놀이처럼
떨어진 꽃잎을 한 주먹 그러모아
내 머리 위로 뿌려주곤 했다

낙화가 다시 흩날리는 기적만큼

모질었던 혁신은
담배 나눠 피던 다리 아래
손뼉을 치며 웃던 우리만이
실행할 수 있었다

그날 벚꽃비 속에서
생살을 벗겨내고
가죽을 새로 댔던 우리들

다르니까 함께

하늘을 가득 채운 별들이
부서져 내렸다

생각이 다른 별들은
아스팔트로 수직 낙하하며
다투어 형형색색 불꽃을 튀겼다

일란성 쌍둥이도
생김새가 조금씩 다른데
생각이야 말할 필요도 없다

다르니까 다르다
다르니까 함께하는 것이다

독한 불꽃놀이를 끝내라

상호안전 보장원칙

 임원과 함께 하는 회식은 군기가 바짝 들어야 하는데 핵심 인재는 할 말은 해야 해서 상품기획 부장 욕하는 소리를 못 참고 제 앞에서 남 욕하지 마시라고 술기운에 내질러 버렸다 저 천둥벌거숭이 녀석, 하며 웃어넘기는 임원이라 용기를 낼 수 있었다

 어디 한번 네 얘기 들어보자, 숨을 참는 선배 덕분에 야생마처럼 치달았다 나라고 겁이 없었으랴 서로 든든한 뒷배가 되어 맞춰 입은 갑옷이 안전하다고 느껴 주눅 들지 않았다 상사 동료 후배까지 시건방진 나를 그냥 봐주었으니 사람 하나 살려두려고 온 부서가 희생했던 것이리라

 당신 없는 술집에서 홀로 술잔을 기울이는 날 나는 누군가의 뒷배가 되어 줄 수 있을까

영업 백서 발간

 영업마케팅팀이 수풀 우거진 산을 올라 수삼나무길 작은 군락을 이룬 소나무 길가에 벚나무 다투지 않고 팔다리에 달라붙은 모기들이 열심히 피를 **빠**는 걸 보면 나 역시 개울 어딘가에서 알을 낳고 당신의 살갗에 내려앉아 하늘을 나는 무임승차를 해도 무죄라는 것 누구도 일등이 아니며 모두가 일등 아무도 숲을 소유할 수 없고 영원히 이기는 자가 없어서 패자도 만찬에 초대받는다네 생존경쟁과 상호부조가 교차하는 생명체 회사가 생태계 시장을 만나기 위해 서로의 심장에 수혈관을 꽂고 만인의 만인을 위한 이인삼각 경기에 나서니 목 터지게 응원하였다네 영업 앞에서 어떤 부서도 소외되지 않고 모든 부서가 중요하다는 선언, 영업 백서가 마르고 닳도록 우리 모두 만세 삼창을 불렀다네

헬조선의 숙제

펄펄 나는 구공탄
엑스 세대가 스무 살이었을 때
돌을 씹어먹어도 소화되었지요

오늘의 주인, 헬조선과
흙수저 청년은
밥 한술에도 체증이 온다는데

불우이웃은 게으른 자라고
이웃돕기 성금을 거절하는
이미 지쳐버린 제트 세대에게

당신의 조국을 외면하지 말라고
우리, 부탁해도 될까요?

아스팔트 위의 물고기

아스팔트 위에서
방어와 참돔이 펄떡이고 있어요

우리는 생각하고 느끼는 영혼
누군가 우리를 패대기치면
살아있는 물고기처럼
뻥긋 뻥긋 웃을 수야 있겠지만

일하기 위해 먹어야 하고
먹기 위해 일해야 해서
러시아 출장을 왜 가야 하는지
스웨덴에선 어떤 거래선을 만나야 하는지
서로 알고 합의해야 합니다

영업은 사람과 마찬가지
소통의 피가 돌지 않고
사람들 가슴에서 피눈물 나면

공장은 멈추고 회사는 문 닫게 되겠지요

눈물을 흘리는 활어처럼
당신, 아스팔트 위에서
펄떡였던 적 있었나요?

아를로녹 호텔의 까레이스끼

가스실에서 손톱이 빠지도록 긁어내린 강철벽
역사의 수레바퀴 아래 짓밟히려고
모가지를 길게 뽑은 어린 풀잎처럼
착하기만 해도 되겠지요

작두로 가지런히 썰어낸 채소
죽음의 순서를 기다리는 삶이란
가슴 떨리도록 지루하니까
때로는 새치기해도 괜찮겠지요

아를로녹 호텔의 바텐더
속 깊은 검정 눈동자의 까레이스끼가
연해주에서 건너온
사형수 할애비를 더듬더듬 내뱉었어요

궁금해요
어떤 풀들은 왜 밟히기 위해

태어나는 것일까요

까레이스끼, 당신의 할아버지와
내 아버지를 위하여
이곳 모스크바에서
내가 술잔을 나눌 수 있다니요

궁금해요
그 몸서리쳐지는 수레바퀴는
도대체 왜 멈추질 않는가요

보스턴 강에 나갔어야 했다고

깊게 더 깊게
땅굴로 내려가면
누구와도 어울리지 않고
오직 바닥만 보고
흙을 파던 나를 만날 수 있다

사슴을 보고 말이라고 하는
내 오만함은
얼마나 많은 모멸감과
얼마나 깊은 복수심을 심어 주었는지

혼자 했다고 믿었던 모든 것들도
어느 하나 혼자 한 것 아니라고

눈 감고 귀 막고 잠들었던 나를
소리쳐 깨우고 싶다
〉

출장 업무를 마친 후엔
사무엘 애덤스로 건배하러
보스턴 강에 나갔어야 했다고
깜깜한 호텔 방, 홀로
쓰던 보고서가 급한 건 아니었다고

호모 루덴스

잠 못 이루는 월요병을 이기려
일요일 출근 무리에 끼어봤으나
식은땀에 젖어 눈을 뜬 새벽
경건하게 노트북을 열었습니다

암 진단 후
곧 돌아오겠다고 웃던
개발팀 김수석은
신제품 출시를 앞두고
병석에서도 걱정이 많더니
한 달 만에 눈을 감았네요

매출 확대를 위해
해외 거래선을 개척하고 오겠다던
걸걸한 목소리의 영업팀 이부장은
자신을 탓하다가
귀국편 비행기 안에서 목을 맸다지요

〉
작별 인사도 없이
떠나간 사람들처럼
일요일도 없이 다가온
월요일 새벽

달과 별이 떠났어요

참 이상한 여행이지요?

나의 왼쪽

나는 오른손잡이다

거울에 비춰보면
일생 내 몸을 지탱해 온 오른쪽 다리는
왼쪽 다리에 비해 늙었다

세상을 향해 울퉁불퉁 튀어나온
왼쪽 다리의 근육은
눈을 감고 걸을 때
오른쪽 다리보다 힘차게 땅을 박차고
나를 오른편으로 밀고 가는 것이다

왼손잡이도 아닌 내가
왼손으로 이를 닦고
왼손으로 자위를 하는 걸 보면
낡아버린, 오른편의
슬픔을 이해하는 것이다

〉
오늘도 나는 오른쪽으로 돌아서고 있다

마케팅 출사표

전복을 캐내기 위해
바다로 깊이 잠수하는 해녀처럼
당신의 마음으로
깊이 가라앉겠다고

지구에 태어난 어떤 것보다
억세고 질긴
입이 없는 식물처럼
한 곳에 뿌리를 내리겠다고

마아케팅이라고 읽었던 네 글자
내 몸에서 싹 틔우고
밑동 굵어질 때까지

당신의 마음으로
깊이 가라앉아
나도 함께 울고 싶어서

제3부
취업기

취업기 1
— 신세계

   대한항공이 일 년 전 최종 면접 합격자들을 채용한다는데
   지난 일 년 동안 그들은 제대로 먹고 자고 일하지 못했을 텐데

누군가는 편의점 알바를 했고
누군가는 배송기사를 했고
또 누군가는 대학원에 진학했고

신문 기사에는 나오지 않는 투쟁기들
면접 볼 회사도 없는 청춘들 생각

취업은 헨젤과 그레텔이 돌아오는 길처럼 멀어
학교 도서관에도 나가지 못한 날
거리로 밀려난 가장들이 모이는 공원에
나 역시 부초처럼 흘러갔었네
〉

그 옛날 입사 무기 연기가 아니었다면
내 첫 직장이 될 수 있었던 신세계가
야구단을 인수한다는 날

취업이 연기되고
졸업이 연기되고
오르고 또 올라서
기어코 입사하는 시지프스들
하나 하나 안아보고 싶은 것이네

취업기 2
— 학생 부부

"그때 저는 주님을 보았습니다"

가수 유승준이 심야 TV쇼에서 눈물 흘렸다
대한 남아의 신성한 국방 의무를 강조했던 신실한 그가
정말 신을 봤을 수도 있겠다는 생각에

내게도 좀 보여주시지

파혼 때문에 심경이 복잡하던 내가
보이지 않는 주님을 비웃었더니
냉장고가 폭발해 집을 홀랑 태워 버렸다
목숨만은 붙여 두려고 그랬는지
대학원 동기와 PC방 다녀온 틈에

이렇게 보여달라는 말이 아닌데

내 불손한 말을 탓하며

천장과 벽이 타들어가는 환상에 시달리던 때
깨졌던 혼담이 벼락같이 성사되었다
불난 집엔 재물이 들어올 일만 남았다며

악명 높던 신방과 조교
대학원생이 학생 신분으로 결혼하게 된 건
가수 유승준의 고백 덕분, 아니
주님 덕분이라 믿었는데

병역 기피를 위해
홀연 미국으로 도망간 그의 소식을 듣고선
그 때문도, 신 덕분도 아니라
모든 게 우리 바람대로 이뤄졌구나!

입술이 닳도록 키스를 하며
부서져라 부둥켜 안은 청춘 남녀들을 보면
괜히 흐뭇해지곤 하지

취업기 3
— 비씨카드사 면접

　보일러는 아니래도 식기세척기는 놓아 드릴게요 어머니와 통화하고 호흡을 가다듬었다 면접관이 벤치마킹을 묻자 물 흐르듯 답했는데 사학과 졸업생이 경영 용어들을 어찌 아느냐, 경영 경제 용어 사전을 공부했다는 말이 미심쩍은지 세그멘테이션 타겟팅 포지셔닝을 잇달아 물으니 벼락치기로 공부한 밑천이 곧 드러나 어머니에게 사드리겠다는 세척기와 용돈 생각에 엉덩이가 땀을 뻘뻘 흘렸다 더는 내게 추가 질문을 하지 않는 면접관들을 뜨겁게 훑으니 완강하게 돌리는 고개들, 엉덩이는 큰 한숨 쉬며 일어나야 했다 아직 안 끝났습니다, 전 끝난 것 같네요 면접관 하나는 웬 미친놈인가 하는 표정이고 또 하나는 혀를 차고 다른 하나는 서류에 크게 X자를 그리는 통에, 함께 앉았던 지원자 하나는 입가가 뱃머리처럼 올랐고 또 하나는 안타까운 표정으로 돌아보고 다른 하나는 부동자세로 전방을 주시했다 면접실을 박차고 나와 연봉 삼천이라는 카드사 로고를 걷다가 뒤돌아보고 뒤돌아보다 걷다가 지하철역에 이르러 어머니와 통화하니 내 말 듣기도

전에 우리 아들 최고여! 제엔장, 그 최고 아들놈은 빨간 내복을 사드리겠다고 공연히 헛약속을 하는 꼬부랑 날들이 꼬부랑 고갯길을 꼬부랑 꼬부랑 계속 넘어가고 있었다

취업기 4
— 취업 야사

나만 믿어

빨갱이 자식에다가
직장도 없는 대학원생이라고
파혼이 되었을 때
두 손 꼭 잡고
두 눈 바라보며 말했어

나만 믿어

신문사 필기에 합격하고
2차 시험을 치르지 않겠다 하자
하얗게 질린 꽃 같은 각시에게
손가락 걸고 약속을 했지

나만 믿어
〉

한겨레 필기에 떨어지고 나니
돌아누워 훌쩍이는 아내 보기 미안해
기를 쓰고 MBC 시험에 합격했는데
이번엔 카메라 테스트에서 떨어져 버렸네

나만 믿어

나도 날 못 믿게 생겼으니
외국계 회사 영어 면접을 마친 후
합격 통지 받을 때까지
속으론 밥 한술 제대로 못 떠

나만 믿어

스물 아홉
그 호기롭던 청년
오늘 문득 보고 싶구나

취업기 5
— 그레이칼라

며칠째 새벽별 보기 운동
퇴근하기 전
회사 화장실 거울 앞에 선
청년들의 목 칼라는 오늘도 그레이!

과제들을 퍼올리는 포크레인
숫자들을 밀어대는 불도저
결론을 내리꽂는 지게차
곳곳에 보고서를 대령하는 덤프트럭까지
중장비 브라더스 연구원들은 기운도 좋대이!

큰 프로젝트를 놓쳤다나
불도저 대리가 술 한잔 어떠냐고
동기 지게차 연구원에게 번개를 치는데
덤프트럭도 함께 간대이!

눈빛으로는 건물도 부수며

밥 먹듯 철야를 하는 포크레인은
아이 얼굴을 좀 봐야겠다니
오늘은 그냥 보내주래이!

취업기 6
― 우리의 셈법

밤 열한 시 반, 두 눈에 불을 켜고 앉으니
퇴근하려 가방 들고 인사하던
후배로선 야밤 산중 백호를 만난 셈이다

자시子時엔 책 읽거나 술 마시는 것 외
다른 일을 해 본 적 없던 청년들이
야근이라는 걸 하려니
한밤에 횃불 들고 고개를 넘어가는 꼴이다

흡연실도 따로 없이
각자 자리에서 뻑뻑 담배를 피우면
누가 사냥감인지
누가 사냥꾼인지
모두 너구리 사냥을 하는 중이다

통계학 제대로 공부한 적 없는 대학원 후배가
술 사달라고 조르니

술 마시는 시간 아까워
하나라도 더 배우라고 일을 시켰더니
피눈물 없는 냉혈한이 된 것

밤도 아닌 낮에
쌍심지를 켠 후배를 보니
나는 분명 문제 있는 선배였던 셈이다

취업기 7
― 노란 동백

알싸한 동백꽃 향수를 뿌린 임원
그 곁에 놓인 야구 배트
회의 중 그는 방망이를 휘둘렀다

야구공을 던지고 받아내던
김과장이 우울증 약을 먹기 시작했고
퍽Fuck! 실적을 맞추지 못한
이민 이세대 이차장은 갓댐잇, 미국으로 돌아갔다

매 맞고
매질하고 돌아온 봄밤
식은땀에 베개와 침대가
흠뻑 젖어 잠을 깨면

아직 살아있음을 깨닫는
알싸한 동백꽃 산중
길 잃어 샛노래진 나를

〉

당신은 착한 사람이라 불렀다

취업기 8
— 레미 마르탱

아직까지
쿠알라룸푸르에 쏟아지던 스콜을
대신할 만한 출장은 없다

워먼 워먼!
— 위 동 라이크 워먼
리얼리 두 유 라이크 맨?
— 위 라이크 맨!
소리치며 웃던 동료들
장대비 맞으면서도 따라붙던 홍등가 삐끼들

기내 면세점에서
손 떨리며 구매했던 꼬냑을
함께 마시며 수줍게 웃었던
젊은 당신처럼

아직까지

첫 출장의 레미 마르탱을
대신할 만한 양주는 없다

취업기 9
— 눈물의 똠양꿍

 방콕은 정원의 도시랍니다 짜오프라야 강을 따라 곳곳에 나무와 풀들이 무성했어요 날 힘들게 하던 선배 하나가 눈웃음치며 금방 끓여낸 야채국을 들라! 권했습니다 외지에 나오면 친절해지는 것일까요 내심 기분이 좋아져 국물 한 숟갈 꿀꺽 삼켰습니다 홍어회를 처음 먹던 날처럼 눈물이 울컥! 장난스레 내 눈을 쳐다보고 있는 선배의 기대를 저버리지 않으려고, 남양의 야채와 향신료는 이다지도 훌륭한가요? 나는 너스레를 떨었습니다 방콕은 정원의 도시랍니다 출장을 가게 되면 갓 뜯은 고수를 듬뿍 넣은 똠양꿍을 후후 불어 마셔 보세요

취업기 10
– 서른 즈음

  오백 년 전 삼십 대의 조광조는 신권臣權 민주주의를 위해 목숨을 바쳤고 서른 셋의 그리스도는 세상을 구원했다 김광석은 서른 즈음 젊음을 마감하는 담배 연기를 피웠고 나의 서른은 배가 점점 불러오는 아내 보기 미안해 취업만이 해법이었다 그때의 나는 인구 중위 연령이 사십 사 세인 오늘을 부러워했을까 사십 대를 훌쩍 넘기고서도 이력서를 쓰는 청년이어야 하는 지금의 서른 즈음

취업기 11
― 숙취의 방정식

새벽까지 마신 술 때문에
고약한 숙취 선생이 방문했다

나는 식은땀을 흘리며
속도전과 폭음과 연장전의 수식을 세운다

숙취C는 시간A와 투입량B의 곱
대문자는 빠르고 많은 음주량과 강한 숙취를
소문자는 느리고 적은 음주량을 표현해야 한다

고속으로 부으면 양이 적어도 힘들다
$A \times b = C$
느리게 먹어도 많이 마시면 곤란하다
$a \times B = C$
고속으로 많이 마시면 폭망한다
$A \times B = CC$
며칠째 계속 마시면 정신을 잃는다

n (A x B) = C8

초강력 숙취 선생, C8을 쫓아내러
사회 초년생은
새벽에 환약을 사러 나간다

취업기 12
― 발렌시아의 밤

그와 함께 출장 갔던 밤
처음부터 그랬던 것은 아니었네

단절된 강물은 바다에 닿지 못하고
존중받지 못한 말들은 대화에 이르지 못하고
폭포수처럼 쏟아지는 말도
입을 다문 호수의 적요도
저마다 이길 수 없는 싸움을 벌였네

영원하지 못했던 승리
그리스와 카르타고
로마와 이슬람의 잔해가 날리는
발렌시아의 아침에
지난밤 불꽃놀이를 한 장씩 넘겨보았네

대홍수를 막으려
물줄기를 돌린 줄도 모르고

물 없는 투리아강, 도시공원에
다이빙했던 별들처럼

한마디 말도 섞을 수 없었던
발렌시아의 밤
서글펐던 우리의 불통

취업기 13
― 내일 일기

 오래 바람을 맞은 눈이 언덕을 쌓았을 때 자정의 그녀는 까르르 웃음을 터뜨렸습니다 마지막을 사는 하루살이가 되어 우리는 맞담배를 피웠습니다 마치지 못한 보고서를 잊은 채 그녀가 활짝 벌린 입 속으로 두 개의 동굴마저 훤히 드러내 보이자 나는 쥐었던 종이 커피잔을 놓아 버렸습니다 후우 연기를 뿜으며 그녀는 물었지요 내일이 올까요 나는 사레가 들려 기침을 하고 눈물을 흘리며 답했습니다 언제 우리에게 내일이 있었나요 그러자 모래 바람 맞으며 복사꽃 피는 봄을 기다리던 무사처럼 그녀는 천천히 사구가 되어 가는 것이었습니다

제4부
사십 대에 현악기는 안 된다고요?

아이가 아이를

오전 12시 10분 늦은 귀가에 서운함을 토로

오전 2시 13분 초기 진통 시작

오전 2시 40분 이차 진통 이후 이십 분마다 진통 계속

오전 4시 15분 매 칠 분으로 진통 간격 단축

오전 5시 3분 양수 터짐, 진통은 심하지 않으며 홀가분하다고

오전 5시 10분 병원으로 이동, 출근 후 출산 임박하면 연락하기로

오전 5시 20분 장모님이 연락, 남편이 제정신 아니라고

오전 5시 30분 뒤늦게 병원 도착

오전 6시 10분 관장, 극도의 통증과 삼 분 간격 진통 계속

오전 7시 7분 이를 악무는 신음으로 산모 얼굴 전체 실핏줄이 깨알같이 터짐

오전 8시 9분 아침밥 먹고 오라는 말에 식당으로 나감

오전 8시 30분 급한 연락에 숟가락 들다 말고 수중 분만실로 이동

오전 9시 2분 산모 입수, 발톱 때가 산모를 오염시킬까

염려되어 입수를 거절

　오전 9시 8분 욕조 뒤에서 안고 있는데 산모가 벌컥 화를 냄

　오전 9시 10분 흡흡 후후 남편의 분만 호흡이 엉망이라고 힘없이 웃음

　오전 9시 48분 아이 머리통이 자궁 밖으로 보임

　오전 9시 49분 검은 머리 물고기 한 마리 빠르게 물속을 유영

　오전 9시 50분 아이가 아이를 출산

불임

아이 낳는다 느이 아부지

너 낳을 때도 없었는데 저놈의 복사기가 아들내미라고

대한민국 복사기 처음 낳고
함박 웃던 개발자 김수석
이제 종이 바꿔 끼우는 일만 하는 걸
어무이 모르네

느이 아부지 또 아이 낳으러 회사 가신다

저 미국 회사가 아부지 영영 불임시킨 것
어무이 아직 모르네

모세의 기적

선배님들 제발 나가주세요
저희도 좀 삽시다

애들 학자금 걱정되신다고요
오래 다니셨네요
저희도 일 좀 해봅시다

GM대우에서 왔다는
신임 인사팀장은 모세다

한솥밥 먹던 사람들, 노소로
단번에 갈라놓았다
그 정리해고 전문가는 안다

흩어지면 죽는다
흩어지면 죽는다

역량개선 프로그램

아빠 왜 우린 짐차만 타고 다녀

승합차에 프린터 싣고 거래점을 돌았다
월말 결산일이 가까울수록
피가 마르는 기분, 너는 알까

휴대폰 TV 사업부 동료들 하나 둘
법인장으로 상무로 발령나갈 때
이국의 거리를 더 달렸다

아버지 이제 짐차 안 타서 좋아요

훌쩍 커버린 아들아
누구에게나 푸른 날이 있다
나는 저 먼 땅에 묻고 왔을 뿐

역량개선 프로그램에 내 이름을 올린 친구야

노병은 죽지 않는다고
함께 산행하던 네가 부디 슬프지 않았으면

임원항 대박횟집

왕방울 큰 눈 껌벅거리고
웃을 때 덧니 훤칠한 꺼벙이 형님

임원항에서 횟집을 개업했는데
물고기를 후하게 내어주니
그 큰 손으로 장사가 될까 걱정이다

술자리에서 만나면
사람 좋은 웃음으로
부서지라 소주잔 부딪혔지만
일할 때는 한 치 후퇴도 없던 고집불통

그래 삼성전자가 우리 꺼벙이 형님 덕분에 A3 복합기도 만든 거 아니라예

삼십 년 개발자들
봄날 벚꽃처럼 날려가는 날, 오늘은

대박횟집 대표 서대성 수석

술 꽤나 먹던 시커먼 놈들에게
인기 높았던 진짜 개발 사나이

강제휴업명령*

어제는
명예퇴직한 동료가 심장마비로 죽었다고
모금을 하자는 이메일을 보았다
청춘을 보낸 회사에서 자발적으로 밀려 나온 뒤
자택에서 맞은
아무도 지켜보지 못한 죽음

당신이 침을 튀기며 열변을 토했던
프린팅 앱센터 개발 방향,
주변에 사람도 사무실도 하얗게 지우고
오직 불꽃 튀는 토론만 벌였던
오 년 전 그날은 모두 알았을까

오늘은
강제휴업명령이라는 이메일을 보았다
말 걸 사람 하나 없는 까페나
입사 입시 공부하는 청년들 가득한 도서관,

구제금융 때 내 아버지처럼
노인들이 바둑 장기 두는 공원으로
내가 나가야 한다는 말이다

백신을 맞고 아무도 없는 방에서
혼자 앓는 사람처럼
뿔뿔이 흩어지라는 말이다
이곳에서 사라지라는 말이다

* 2022년 1월 HP Printing Korea 유한회사(구 삼성전자 프린팅솔루션 사업부)는 Asset 검증 부서 21명 전원에게 강제휴업명령을 내렸다.

당신의 비전

"완다, 나는 누구예요?"

"비전, 당신은 내 속에 사는 마인드 스톤 조각
내가 만든, 전선과 피와 뼈의 구성체
당신은 나의 슬픔이자 행복, 무엇보다 나의 사랑"
— 드라마 「완다 비전」, 에피소드 9 중

새 부대여서 새 술이 필요해요, 아니
상한 술은 낡은 부대에 담겨야 하죠

우리가 상한 술인지 모르고
젊은 사원을 내보내지 못했던 당신은
세상 물정 참 몰랐던 분

덕분에 피플 매니저 자리에서 쫓겨나고
조사 부서에서도 밀려났다지요

〉

고맙다고 말하지 않겠어요
우리 세상을 크고 위대하게 만들기 위해
당신이 열심히 했으면 됐죠

자식과 후배가, 뼛속까지
이기적인 걸 알고 있었잖아요
알면서도 사랑해야 하는 게
내리사랑 아니겠어요

나는 당신의 기쁨이고 보람이니
상처받지 말고 계속 사랑해 봐요

아웃 오브 아메리카

자전거 도로에서 뒤집혔다
갈빗대 세 대가 금이 가 웃을 수도 울 수도
숨을 쉬기도 어려웠다

딸내미가 손목을 그은 후
학교폭력위원회가 열렸고
촛불 정부가 민주화 유공자 상대로
부동산 강제경매소송을 벌였다

타 부서로 전보된 나는
입을 벌려 숨을 쉬었다
웃음은 사진처럼 정지된 채 울었다

아무 일 없다고
해와 달은 반짝였다
별자리를 읽으며 시를 썼다
〉

명랑해 보인다
행복해 보인다
그런 일들을 당신은 짐작조차 못했다

아메리카 회사를 떠나며
나를 잃어버린 당신에게
끝까지 웃어 보였다

사십 대에 현악기는 안 된다고요?

우리에게 내일은 없다
오늘 못 가는 여행은 내일도 갈 수 없기에
지금 파스타를 먹어야 한다

사십 대에 현악기는 안 된다고요?
기타를 좋아한다는 걸
기타를 치지 않았으면 어떻게 알았을까

꽃은 깨끗이 면도하지 않는다
꽃잎 떨어뜨리고 꽃가루 흩날리면서도
바람에 맞춰 마지막 탱고를 춘다

궁극의 미래는 낙화,
터질 듯 부푼 목련이나
흩날리는 벚꽃이나
모든 건 사라져 버린다는 것이다
〉

수염 덥수룩한 사람이
봄바람을 만나지 않겠다고 하는 건
나무를 붙들고 땅을 디딘 채
절벽에 매달렸다고 여기는
내일의 걱정들 때문

백 척이나 되는 장대 끝에 섰다고
떨고 있는 나에게
두 손 놓아도 괜찮다고
여기 절벽은 없다고

타임머신을 타라

상담센터 앞에서 손을 흔들며 달려오는
대학생 딸내미가
가족 상담사의 첫 질문에
갑자기 울음을 쏟을 때

아주 잠깐, 보았다
아빠 허리를 꼭 붙잡고
자전거 뒷자리에 앉아
다리를 흔들며 깔깔 웃던 아이를

아직도 긴 밤, 까만 방 속에서
우는 아이에게
웃는 아이를 빼앗기지 않으려
공상과학영화의 주인공처럼
타임머신을 타라, 그 바보는

꽃비 날리는 벚나무 길 따라

그 자전거보다 빨리 달려서
하얀 꽃처럼 웃는 아이를
미리 마중하고 있으라

상품기획 홈커밍

김부장 모친 장례식장에 상품기획원들이 다시 모였다

기호騎虎의 삶에서 수재와 둔재의 경계는 한끝
진대제와 황창규 중 누굴 장관 후보로 올릴까
그래 진대제 과장 똑똑했지

호랑이 등에 올라탄 별은 어떻게 속도를 늦춰야 할지 몰라
뛰어내리자 뛰자 되뇌며 정착민을 꿈꿨지
도마뱀과 개미 떼는 겨울이 오면 어디에서 숨죽이고 있을까

볼 수 없는 별똥별을 헤는 날이면
그가 호랑이 등에서 뛰어내렸는지

술 마시는데 진심이었던 사냥꾼들과
전력 질주에 전념했던 농경민들은 잘들 계신지

〉
겨울을 보낸 도마뱀과 개미 떼가
다시 산중을 뒤덮을 것인지

십 년 후에도 그들의 뜨거운 대화는
바뀌지 않을 것이다

우두커니 섰다

이메일을 쓰기 위해선
로그인해야 하는데
어디에 계정과 비번을 넣어야 할지 몰라
검색창에 당신 이름을 적곤
허허 웃는 아버지

많이 답답하지?

답답한 마음이야
당신이 더할 텐데
오늘도 마지막 탄원서를 쓰기 위해
안간힘 쓰다가
수화기 너머 흘리는
짙은 웃음에

우두커니 섰다
〉

시곗바늘을 앞으로 돌리다 보면
내게도 벌어질 일
내 걸음 쫓아오지 못하는
아버지를 기다리며

미술 치료

그림을 잘 그리지는 못하겠어요

어느 소도시 담벼락에 늘어서서
우리는 기차놀이를 했어요
저기 손가락으로 만든 브이자가 보이나요

어깨에 기대면 시큼한 땀 냄새가 났어요
딸내미 얼굴을 보면 왜 그리 웃음이 나왔을까요

기차가 지나가고 웃음이 식고
내 그림은 자꾸 삐뚤빼뚤합니다

입이 없고 귀가 없고 눈물이 없는
우리는 못난이들이 되었습니다

촛불이 꺼질 걸 두려워하지 않아요
바람이 불면 날아가면 됩니다

진부령 종산제

봄비처럼
사랑하는 이는 쉽게 떠나고

가을 서리처럼
새로운 이는 익숙해지기 어렵다지만

길이 끝나고
길이 시작되는

당신과 나를 기억하겠습니다

해설

노동자 극한 생존기

고봉준(문학평론가)

　시집 『신세기 타이밍』은 '노동'을 중심으로 한 개인의 삶을 재구성한 연대기이다. 시집의 첫 페이지에서 시인은 여기에 수록된 작품들이 "콜록콜록 먼지 날리는 서가에 낡은 책 하나 다시 꺼낼 수 없는 다시 꺼내선 안 될 하얀 밤 까만 노동의 이야기"(「청년 아력산년」)임을 고백하고 있다. 첫 시집에서 '유신'이라는 정치적 사건을 중심으로 개인의 시간과 역사의 시간의 불화를 표현한 시인은 이번 시집에서 냉혹한 직업의 세계, 한 개인이 부조리한 노동 현장에서 겪게 되는 모멸감을 사실적인 시선으로 제시하고 있다. 첫 시집 『나는 노란 꽃들을 모릅니다』가 개인과 역사, 개인과 국가권력의 불화에 관한 이야기였다면, 이번 시집 『신세기 타이밍』은 자본주의 사회에서 개인, 즉 노동자가 자본과 불화하는 이야기라고 말할 수 있다. 국가권력의 억압적 성격에 대한 비판에서 시작한 시인의 시 세계가 자본의 폭력적인 성격, 자본과 관계를 맺고 살아갈 수밖에 없는 비루한 개인의 삶에 대한 관심으로 이동한 것이다. 첫 시집이 성장기와 연결된 유년, 즉 '기억'의 세계를 강조했다면 이번 시집은 "주당 백이십 시간 일하자는 칼잡이"(「청년 아력산던」)가 통치하는 세계에서 벌어지는 사건을 중심으로 한다는 점에서 지극히 현실적이다.

그런데 왜 노동은 "다시 꺼낼 수 없는 다시 꺼내선 안 될" 이야기일까? 그것은 현대가 '노동'이 아니라 '소비'의 시대, 특히 금융이 지배하는 시대이기 때문일 것이다. 우리는 매일 다양한 형태로 노동하면서 살아간다. 굳이 거창한 이데올로기를 동원하여 합리화하지 않아도 노동은 생계를 유지하기 위해서 포기할 수 없는, 일상의 대부분 시간을 장악하고 있는 실존적인 사건임이 분명하다. 하지만 오늘날 일상의 일부가 되어버린 이런 노동의 의미에 주목하는 사람은 드물다. 우리 시대의 문학은 애써 '노동'에 대해 침묵하고 있다. 그래서일 것이다. 시인은 '노동'에 관한 이야기는 누구도 들으려 하지 않는, 시인들조차 자신의 '노동'에 대한 이야기를 하려 하지 않는다는 사실을 알고 있는 듯하다. 하지만 매일 눈을 뜨자마자 일터로 달려가야 하는 사람들에게, 일상과 노동의 경계가 불분명한 존재들에게 '노동'은 자신의 삶을 표현하는 기호일 수밖에 없다.

이렇게 말하면 누군가는 '노동시'라는 개념을 떠올릴지도 모르겠다. 하지만 이송우의 시는 우리가 익숙하게 알고 있는 그 '노동시'와 사뭇 다르다. 지난 1970~80년대에 공장 경험을 중심으로 형성된 노동시는 산업자본주의 시대의 산물이다. 이 경험의 구조 안에서 자본에 대한 노동의 관계는 이미-항상 집단적이었다. 그때 '노동'은 개인이 수행할 때조차 계급이나 조직 같은 집단적인 문제였다. 1990년대 후반에 등장한 신자유주의는 이러한 패러다임을 바꿔놓았고, 그것은 한국 사회에서 공장 노동의 주류적 성격을 해체하는 결과를 불러왔다. 생산이 아니라 소비가, 산업이 아니라 금융이 자본의 중심이 되자 공장 노동은 우리의 시선에서 사라지기 시작한 것이다.

물론 공장 노동은 여전히 존재하며, 열악한 노동환경 또한 그다지 바뀌지 않았다. 하지만 그것은 일상의 공간으로부터 분리되어 공간적으로 주변화됨으로써 대중의 시야에서 멀어졌고, 급기야 공장은 동남아시아 등지로, 노동자는 이주노동자로 채워지기에 이르렀다. 신자유주의는 이처럼 '노동'의 새로운 형식을 창조했고, 그 현실 속에서 '노동'에 대한 대중의 감각은 전면적으로 바뀌었다. 이제 노동은

'공장'과 별로 연관성이 없는 것으로 인식되고 있고, 그 성격 자체도 '집단'과 상관없는 개인적 행위로 받아들여지고 있다. 게다가 이송우의 시에서 '노동'의 주체는 마케팅 업무를 담당하고 프로그램을 개발하는 존재라는 점에서 화이트 칼라에 가까우며, 그들과 자본의 관계는 좀처럼 집단적 성격으로 드러나지 않는다. 따라서 '노동'을 중심으로 읽되 이번 시집이 보여주는 노동의 경험을 지난날의 '노동시'로 환원하지 않는 방식으로 읽기를 권유하고 싶다.

> 알싸한 동백꽃 향수를 뿌린 임원
> 그 곁에 놓인 야구 배트
> 회의 중 그는 방망이를 휘둘렀다
>
> 야구공을 던지고 받아내던
> 김과장이 우울증 약을 먹기 시작했고
> 퍽Fuck! 실적을 맞추지 못한
> 이민 이세대 이차장은 갓댐잇, 미국으로 돌아갔다
>
> 매 맞고
> 매질하고 돌아온 봄밤
> 식은땀에 베개와 침대가
> 흠뻑 젖어 잠을 깨면

아직 살아있음을 깨닫는
알싸한 동백꽃 산중
길 잃어 샛노래진 나를

당신은 착한 사람이라 불렀다
　　　　　　　　　—「취업기 7 —노란 동백」전문

　'노동'을 중심으로 이번 시집에 수록된 작품들을 재구성하면 그 첫머리는 '취업기' 연작의 몫일 것이다. 연작의 형식으로 쓰여진 열세 편의 '취업기'는 '취업'에 대한 다양한 에피소드를 중심으로 시인의 삶을 재구성하여 제시하고 있다. 이들 '취업기' 연작의 내용을 요약하면 시인은 "빨갱이 자식에다가/직장도 없는 대학원생"(「취업기 4」)이라는 이유로 '파혼'을 당했다가 "냉장고가 폭발해 집을 홀랑 태워"(「취업기 2」)버린 사건이 전화위복의 계기가 되어 "신방과 조교/대학원생이 학생 신분으로 결혼"(「취업기 2」)했다. 그는 어머니에게 '식기세척기'를 선물하기 위해 카드사 면접에 참여했다가 취업에 실패한 적이 있으며, "첫 직장이 될 수 있었던 신세계"(「취업기 1」)의 입사가 무기한 연기되는 바람에 한때나마 "거리로 밀려난 가장들이 모이는 공원"에서 시간을 보내기도 했다. 스물아홉의 그는 "호기롭던 청년"(「취업기 4」)이었으나 '서른 즈음'의 그는 "배가 점점 불러오는 아내 보기 미안해 취업"(「취업기 10」)에 매달릴 수밖에 없는 존재였다.

한편 취업기 연작에는 직장 생활이 주요 소재로 등장하기도 한다. 가령 「취업기 5」에는 직장인들이 퇴근을 준비하면서 '술 한잔'을 약속하는 장면이 등장하고, 「취업기 6」에는 늦은 밤까지 '야근'을 하는 장면이 등장한다. 또한 「취업기 8」과 「취업기 9」와 「취업기 12」에는 각각 쿠알라룸푸르, 방콕, 발렌시아 등지로 출장을 다녀온 이야기가 제시되어 있다. 이처럼 '취업기'는 직장을 구하는 과정만이 아니라 '직장'을 중심으로 한 개인의 삶을 재구성하고 있다. 「취업기 7」은 '취업기' 연작에서 가장 눈길을 끄는 작품이다. 직장 생활, 즉 '내일'로 표상되는 희망이 존재하지 않는 삶에 대한 탄식과 노동의 고단함을 토로한 작품들과 달리 「취업기 7」에는 부하직원에게 폭력을 행사하는 '임원'이 등장한다. "알싸한 동백꽃 향수를 뿌린 임원/그 곁에 놓인 야구 배트/회의 중 그는 방망이를 휘둘렀다"라는 구절이 그것이다. 이 임원의 폭력으로 인해 한 사람은 '우울증'을 앓기 시작했고, 부여된 실적을 채우지 못한 사람은 '미국'으로 돌아갔다는 진술은 사뭇 충격적이다. 이것은 노동에 대한 자본의 착취가 화폐를 매개로 한 것만이 아니라 노동자의 신체에 대한 공격과 위해를 통해 물리적인 폭력의 방식으로 나타나기도 한다는 것을 의미한다.

    온도와 아이스크림 판매량 사이에서
    온도가 100 증감할 때
    아이스크림 판매량이 30 증감한다면
    상관계수 0.3, 두 변수는 상관있다는 것이다

    나와 당신은 서로 달라서
    그 속을 알아보기 쉽지 않다
    내 맘을 몰라준다고 가슴을 치는 애인에게
    당신이 나였으면 좋겠다고
    애원한들 무엇하랴

    당신과 내가 삼십 프로 정도만
    상관있으면 어떻겠는가
    당신과 내가 어른이라면
    칠십 프로는 각자 독립된 생활을 해야 한다

    인간 상관계수 기준을 0.3으로 하자
    기대도 걱정도 도움도
    딱 거기까지만
    당신이 100 증감할 때 나는 30 증감하고

우리를 영혼의 짝이라고 부르자

인간 상관계수 목표를 0.3으로 맞추면
성격 차로 헤어지는 연인들도 사라질 것이다
세상의 모든 사랑은 성숙해지고
―「인간 상관계수 0.3」 전문

이송우의 시에는 직업과 관련된 독특한 시어들이 반복적으로 등장한다. 시장조사를 위해 사용되는 분석 기법인 '컨조인트'(「내 인생의 분석」), "시장 세분화 분석"(「신세기 타이밍」), 온라인 마케팅으로의 전환을 의미하는 "T2O 프로젝트"(「T2O 프로젝트」), '숫자'(「숫자의 강물」), "신뢰도 계수"(「계절을 검증하지 않듯」), '마케팅'(「마케팅 출사표」), '영업마케팅팀'(「영업 백서 발간」) 같은 단어가 그것들이다. 추측건대 시인은 기업에서 마케팅 업무를 담당하고 있는 듯하다. 시인은 이러한 직업적으로 체화된 감각을 시작(詩作) 과정에 적극적으로 활용하고 있다. 마케팅의 원리에 대한 지식이 없는 우리로서는 간혹 난감하기도 하지만 한 가지 분명한 사실은 이 직업/노동이 과거의 공장 노동에 비해 수월한 것이 아니라는 것, 그리고 인간을 철저하게 '숫자'에 의존하도록 만든다는 것이다. 「신세기 타이밍」에서 시인은 "시장 세분화 분석" 작업을 위해 "책상에서 사십

일을 기도"하는 연구자들의 모습을 제시하고 있다. 여기에서 표제에 등장하는 '타이밍'은 각성제를 뜻한다. 즉 지난 세기의 공장 노동자들에게 '타이밍'이라는 각성제가 있었다면 21세기 사무직 노동자들에게는 "에스프레소 트리플 샷"(「신세기 타이밍」)이라는 각성제가 있다는 것이다. 이들은 끝나지 않는 분석을 위해 밤낮을 가리지 않고 일하다가 새벽이 되면 '임시 수면실'을 찾는다.

이처럼 자신의 일상은 물론이고 감각, 관심, 정신 등을 온통 '숫자' 분석에 빼앗기면서 살아가는 이들에게는 인간관계 또한 '상관계수'로 설명되는 것으로 인식된다. 상관계수란 두 확률 변수 간의 관계를 수치로 나타낸 것이다. 즉 그것은 계산가능성을 뜻한다. 반면 우리는 삶이, 인간관계가 결코 숫자로 설명되지 않는다는 사실을 잘 알고 있다. 하지만 '숫자'의 세계에서 계산불가능한 것은 종종 존재하지 않는 것으로 간주되거나 무가치한 것으로 받아들여진다. 시인 역시 이러한 숫자의 역설을 모르지 않는다. 하지만 마케팅은 '숫자'를 제시하지 않으면 결코 성립될 수 없다. 시인은 이 과정을 반복하는 과정에서 인간관계, 즉 "당신과 내가 삼십 프로 정도만/상관있으면 어떻겠는가"라는 물음에 직면한다. 알다시피 삼십 퍼센트는 관계가 없는 것은 아니지만 밀접한 관계라고 말하기도 어려운 수치이다. 시인은 사람들이 이 적당히 가까우면서도 먼 관계 속에서 살아가는 모습을 상상한다. 하지만 이러한 상상이 우리에게 알려주는 것은 상관계수에 의해 포착되는 인간관계의 비정상성이다. 그것은 "텅 빈 간선도로를 달려, 통계 분석처럼/무수히 오간 푸른 새벽들/오늘에야 나는 최적 효용치를 찾았네"(「내 인생 분석의 결과」)라는 진술이 결코 긍정적인 것으로 들리지 않는 것과 같은 이치이다. 시장조사와 마케팅, 이윤을 추구하기 위해 노동력을 투입하는 일체의 행위는 최적 효용치의 법칙을 따르지만, 우리의 삶에서는 그러한 최적의 효용과 무관한 사건들이 매일처럼 발생한다. 아니, 인간의 삶에 실존적인 가치가 존재하는 것은 예측할 수 없을 뿐만 아니라 '최적'이나 '효용' 같은 것과는 상관없이 영위되기 때문일 것이다. 이런 점에서 '인생'을 분석하여 최적의 효용치를 발견했다는 시인의 진술은 직업적 합리성이 자신의 일상마저 장악했다는 사실을 비판하는 것으로 이해되어야 한다.

영업마케팅팀이 수풀 우거진 산을 올라 수삼나무길 작은 군락을 이룬 소나무 길가에 벚나무 다투지 않고 팔다리에 달라붙은 모기들이 열심히 피를 빠는 걸 보면 나 역시 개울 어딘가에서 알을 낳고 당신의 살갗에 내려앉아 하늘을 나는 무임승차를 해도 무죄라는 것 누구도 일등이 아니며 모두가 일등 아무도 숲을 소유할 수 없고 영원히 이기는 자가 없어서 패자도 만찬에 초대받는다네 생존경쟁과 상호부조가 교차하는 생명체 회사가 생태계 시장을 만나기 위해 서로의 심장에 수혈관을 꽂고 만인의 만인을 위한 이인삼각 경기에 나서니 목 터지게 응원하였다네 영업 앞에서 어떤 부서도 소외되지 않고 모든 부서가 중요하다는 선언, 영업 백서가 마르고 닳도록 우리 모두 만세 삼창을 불렀다네

―「영업 백서 발간」 전문

직장인의 일상이 세밀하게 그려져 있는 이송우의 시를 읽다 보면 불현듯 〈미생(未生)〉이라는 드라마의 장면이 떠오른다. 직장인의 애환과 현대인의 삶을 그린 이 드라마에서 영업 3팀에 소속된 한 인물은 주인공 장그래에게 "입사하고 보니까 성공이 아니라 문을 하나 연 것 같은 느낌이더라고."라는 말을 건넨다. 이 대사는 신자유주의 시대에 직장인의 불안정한 내면을 명시적으로 보여준다. 끊임없는 생존 경쟁, 그리고 다양한 이유로 언제든 해고될 수 있다는 두려움을 안고 살아가는 삶은 불안하며, 직장인들에게 그런 불안감은 자기 착취를 정당화하는 알리바이로 작동한다. 그것은 「취업기 13」에 등장하는 "언제 우리에게 내일이 있었나요"라는 목소리와 유사한 울림으로 다가온다.

영업마케팅팀이 수풀이 우거진 산을 오른다. 이들은 왜

산을 오르는 것일까? "만인의 만인을 위한 이인삼각 경기"라는 구절이 등장하는 것으로 보아 단체 등산대회나 단합대회 같은 행사 때문인 듯하다. 시인은 산을 오르면서 다양한 나무들이 군락을 이루면서도 다투지 않는 모습을 보고 자신 또한 "어딘가에서 알을 낳고 당신의 살갗에 내려앉아 하늘을 나는 무임승차"를 하는 장면을 상상한다. 무임승차가 죄가 되지 않는 세계, 모두가 일등이어서 누구도 일등이 아닌 세상, 아무도 숲을 소유하지 못하는 세상, 그리하여 영원한 승자도 영원한 패자도 존재하지 않아 "패자도 만찬에 초대받"는 그런 세상을 상상한다. 이러한 시인의 상상은 "눈과 눈을 맞추고 일할 수 있기를 무릎 꿇고 앉아 온 우주가 담긴 눈동자를 서로 바라볼 수 있기를"(「눈과 눈을 맞추고」) 바라는 마음과 다르지 않을 것이다. 하지만 현실세계, 특히 직장=노동의 세계는 전혀 다른 원리에 따라 굴러간다. "생존경쟁과 상호부조가 교차하는 생명체"인 회사/기업, 특히 신자유주의적 경쟁체제가 일반화된 곳에서 모든 노동자는 경쟁자이자 동지라는 모순적 관계를 이루며 살아간다.

   신자유주의에서 노동자는 표면적으로는 단일한 계급처럼 보이지만 실제로는 다양한 방식으로 균열된 상태에 처해 있다. 「모세의 기적」에 등장하는 "GM대우에서 왔다는/신임 인사팀장"은 이러한 균열을 만들어냄으로써 살아가는 존재이다. "정리해고 전문가"인 그는 "한솥밥 먹던 사람들"을 '노소'를 기준으로 단번에 분열시킨다. "선배님들 제발 나가주세요/저희도 좀 삽시다"라는 논리는 정리해고자 전문가만의 것이 아니다. 그것은 분열된 조직이 일부 구성원을 배제함으로써 자신들의 몫을 지키려고 할 때마다 등장하는 상투적인 목소리이며, 오늘날 자본은 이러한 위기의 논리를 앞세워 노동자에 대한 비대칭적 관계를 강화한다. 이송우의 시에는 이러한 자본의 논리에 의해 직장을 떠난 인물들이 다수 등장한다. 삼십 년을 개발자로 근무하다가 하루 아침에 쫓겨나 "대박횟집 대표"(「임원항 대박횟집」)가 된 사람, 한때는 대한민국에서 최초로 복사기를 만든 개발자였으나 지금은 복사용지를 바꿔 끼우는 일을 담당하고 있는 "개발자 김수석"(「불임」), 젊은 사원들을 해고하지 못했다는 이유로 "피플 매니저 자리에서 쫓겨나고/조사 부사에서도 밀려"(「당신의 비전」)난 사람……. 이들 모두는 노동자가 자본에 의해 착취당하다가 결국 버려질 운명임을 보여주는 존재들이다. 이것만이 아니다. 직장인들 가운데에는 죽어서 직장을 떠나거나 직장을 떠난 직후에 사망하는 경우도 많다. 시인이 "작별 인사도 없이/떠나간 사람들"(「호모 루덴스」)이라고 명명하는 존재들, 가령 해외 거래선 개척에 실패하고 귀국하는 비행기 안에서 자살한 영업팀 이부장과 암 진단을 받고 한 달 만에 눈을 감은 개발팀 김수석, 명예퇴직을 당한 뒤 자택에서 심장마비로 사망한 "명예퇴직한 동료"(「강제휴업명령」)가 그들이다. 이들의 죽음은 신자유주의적 자본주의 세계에서 '직장'과 '해고'의 의미가 무엇인가를 다시 생각하게 만든다.

> 어제는
> 명예퇴직한 동료가 심장마비로 죽었다고
> 모금을 하자는 이메일을 보았다
> 청춘을 보낸 회사에서 자발적으로 밀려 나온 뒤
> 자택에서 맞은
> 아무도 지켜보지 못한 죽음
>
> 당신이 침을 튀기며 열변을 토했던
> 프린팅 앱센터 개발 방향,
> 주변에 사람도 사무실도 하얗게 지우고
> 오직 불꽃 튀는 토론만 벌였던
> 오 년 전 그날은 모두 알았을까
>
> 오늘은
> 강제휴업명령이라는 이메일을 보았다
> 말 걸 사람 하나 없는 카페나
> 입사 입시 공부하는 청년들 가득한 도서관,
> 구제금융 때 내 아버지처럼

노인들이 바둑 장기 두는 공원으로
내가 나가야 한다는 말이다

백신을 맞고 아무도 없는 방에서
혼자 앓는 사람처럼
뿔뿔이 흩어지라는 말이다
이곳에서 사라지라는 말이다

―「강제휴업명령」 전문

이 시에 등장하는 '강제휴업명령'은 2022년 1월 HP프린팅코리아(HPPK)가 일부 직원들에게 휴업 명령을 내린 사건을 가리킨다. 당시 사측은 이 조치의 원인으로 코로나 팬데믹으로 인한 이윤 저하를 내세웠다. 이러한 조치의 법률적 의미에 대해서는 말하기 어렵지만 그것이 노동자에게 갖는 의미는 명확하게 이해할 수 있다. 그것은 이제부터 자신이 "말 걸 사람 하나 없는 카페나/입사 입시 공부하는 청년들 가득한 도서관"에서 시간을 보내야 한다는 의미이며, IMF 외환위기 때처럼 "노인들이 바둑 장기 두는 공원"으로 출근하는 것을 받아들여야 한다는 의미이다. 아울러 이러한 조치를 받아들일 수 없다면 자발적으로 퇴사하여 다른 직장을 알아보라는 의미일 것이다. 근로기준법에 따르면 강제휴업명령을 내릴 경우 기업은 노동자에게 평균임금의 70% 이상의 휴업수당을 지급해야 한다. 이것이 한 가족이 생활하기에 충분하지 않은 금액일 것은 뻔하다. 따라서 기업이 강제휴업을 명령하면 가족의 생계를 책임져야 하는 노동자는 자진하여 퇴사할 수밖에 없다. 기업의 강제휴업명령이 구조조정의 수단이 되는 것은 이 때문이다. 그리고 이것이 바로 강제휴업명령이 시인에게 "뿔뿔이 흩어지라는 말", 그리고 "이곳에서 사라지라는 말"로 이해되는 이유이다.

그동안 우리는 한 개인이 노동자로 살아가면서 경험하는 일들에 대해 제대로 이야기하지 않았다. 특히 전통적인 노동시의 범주를 제외하면 사실상 시는 '노동'의 세계와 거리가 먼 이야기를 쓰는 것처럼 이해되기도 했다. 우리들 대부분이 일상적으로 노동하면서 살아가면서도 정작 시에서 그 흔적을 발견하기는 꽤 힘들었던 것이 사실이다. 이렇게 보면 이송우의 이번 시집은 노동자 개인이 직장 생활을 하면서 겪게 되는 불합리한 경험들, 특히 한 인간의 내면에 깊게 새겨지는 상처를 적나라하게 드러내고 있다고 평가할 수 있다. 어쩌면 이 상처의 경험은, 정도의 차이는 있을지언정, 신자유주의 시대를 살아가는 직장인들 대부분이 겪을 수밖에 없는 운명적인 상처인지도 모른다. 물론 이 불합리한 자본의 횡포에 맞서 싸우는 노동자의 견고한 조직력과 그것에 기초한 낙관론에 입각해 시를 쓸 수도 있을 것이다. 하지만 이송우의 시가 정확히 표현하고 있듯이 오늘날 노동자들의 상황은 전혀 그렇지 못한 것이 현실이다. '미생(未生)'이라는 단어의 울림이 이토록 큰 시대가 있었을까? 우리 시대의 직장인들 대부분은 생존, 즉 살아나기 위해, 직장에서 쫓겨나지 않기 위해 발버둥을 쳐야 하는 경우가 많다. "에스프레소 트리플샷"에 의지하여 밤낮을 바꿔가면서 개발업무에 몰두하는 연구원, "수요 예측 다시 해서 가져와 씨발놈아"(「상품기획, 불발」) 같은 상사의 폭언에 무방비로 노출된 채 살아가는 것이 노동의 현실이 아닌가? 시인은 이러한 노동자의 현실을 "일하기 위해 먹어야 하고/먹기 위해서 일해야"(「아스팔트 위의 물고기」) 하는 것, 즉 '먹기'와 '일하기' 사이의 순환 논리로 제시한다. 이송우의 시를 읽으면서 우리가 노동의 신성함에 대한 긍정 같은 이데올로기가 아니라 짙은 페이소스(pathos)를 느끼게 되는 이유도 여기 있다.

시집의 첫 페이지에서 시인은 이번 시집이 "노동의 이야기"(「청년 아력산던」)임을 분명히 밝혔다. 그리고 시인은 시집의 마지막 페이지를 '기억'에 관한 이야기로 끝마치고 있다. 여기에서 시인은 봄비처럼 쉽게 왔다가 떠나는 '사랑하는 이'에 대해 이야기한다. 이 '사랑하는 이'의 정체가 누구인가는 중요하지 않을 듯하다. "길이 끝나고/길이 시작되는"(「진부령 종산제」)이라는 진술처럼 시인에게는 인생도,

그리고 산행도 이미—항상 '시작'과 '끝'을 반복하는 일임이 분명하다. 종신제는 한 해의 산행을 마무리하면서 올리는 제사(祭祀)이다. 그런데 한 해의 산행이 끝났다는 것은 다음 해의 산행이 시작된다는 뜻이기도 하다. 시인은 이러한 산행의 경험에 빗대어 만남과 헤어짐의 연속성에 대해 진술하고 있는 것이다. 그리고 그 연속성 위에 "당신과 나", 즉 모든 만남의 사건을 올려놓는다. 시인에게 '기억'의 의미는 이것이다. 아니, 시인은 기억하는 존재인지로 모른다. 그 기억이 존재하는 한 삶의 한 구비에서 만나고 헤어진 사람들, 즉 "당신과 나"는 영원히 존재할 수 있는 것이 아닐까.

>봄비처럼
>사랑하는 이는 쉽게 떠나고
>
>가을 서리처럼
>새로운 이는 익숙해지기 어렵다지만
>
>길이 끝나고
>길이 시작되는
>
>당신과 나를 기억하겠습니다
>―「진부령 종산제」 전문

애 지 시 선

- 020 아배 생각 — 안상학 시집
- 021 검은 꽃밭 — 윤은경 시집
- 022 숲에 들다 — 박두규 시집
- 023 물가죽 북 — 문신 시집
- 024 마늘 촛불 — 복효근 시집
- 025 어처구니 사랑 — 조동례 시집
- 026 소주 한 잔 — 차승호 시집
- 027 기찬 날 — 표성배 시집
- 028 물집 — 정군칠 시집
- 029 간절한 문장 — 서영식 시집
- 030 고장 난 아침 — 박남희 시집
- 031 하루만 더 — 고종식 시집
- 032 몸꽃 — 이종암 시집
- 033 허공에 지은 집 — 권정우 시집
- 034 수작 — 김나영 시집
- 035 나는 열 개의 눈동자를 가졌다 — 손병걸 시집
- 036 별을 의심하다 — 오인태 시집
- 037 생강 발가락 — 권덕하 시집
- 038 피의 고현학 — 이민호 시집
- 039 사람의 무늬 — 박일만 시집
- 040 기울어짐에 대하여 — 문숙 시집
- 041 노끈 — 이성목 시집
- 042 지독한 초록 — 권자미 시집
- 043 비데의 꿈은 분수다 — 정덕재 시집
- 044 글러브 중독자 — 마경덕 시집
- 045 허공의 깊이 — 한양명 시집
- 046 둥근 진동 — 조성국 시집
- 047 푸른 징조 — 김길녀 시집
- 048 지는 싸움 — 박일환 시집
- 049 아무나 회사원, 그밖에 여러분 — 유현아 시집
- 050 바닷가 부족들 — 김만수 시집
- 051 곡두 — 박승자 시집
- 052 나선형의 저녁 — 정용화 시집
- 053 보이저 씨 — 김현욱 시집
- 054 비탈 — 이경호 시집
- 055 하모니카 부는 오빠 — 문정 시집
- 056 우는 화살 — 고영서 시집
- 057 검은 옥수수밭의 동화 — 송유미 시집
- 058 매운방 — 신준수 시집
- 059 승부사 — 박순호 시집
- 060 동그라미, 기어이 동그랗다 — 이민숙 시집
- 061 아버지의 마술 — 이권 시집
- 062 이름의 풍장 — 김윤환 시집
- 063 국수 삶는 저녁 — 박시우 시집
- 064 미스김 라일락 — 나혜경 시집
- 065 멍게 먹는 법 — 이동순 시집
- 066 우는 시간 — 피재현 시집
- 067 종점식당 — 김명기 시집
- 068 달동네 아코디언 — 이명우 시집
- 069 자작나무 숲에 눈이 내린다 — 변경섭 시집